HISTOIRE,

ORGANISATION, CONSTITUTION, ET STATUTS

DE L'ACADÉMIE DES BÊTES;

PAR M. REYMONDIN DE BEX,

Secrétaire perpétuel.

Les *Bêtes* ne sont pas ce qu'un vain peuple pense.

VOLTAIRE.

A PARIS,

Chez **CORRÉARD**, libraire, Palais Royal,

Et chez les Marchands de bêtises.

13 MAI 1820.

HISTOIRE,

ORGANISATION, CONSTITUTIONS ET STATUTS

DE L'ACADÉMIE DES BÊTES.

Tous les hommes qui savent penser, crient depuis des siècles à ceux qui veulent raisonner : *définissez les termes*. Croirait-on que, malgré cette invitation si souvent répétée, la plupart des gens d'esprit qui ont écrit sur les *bêtes*, ne savent pas même encore de qui, ni de quoi ils ont parlé ? Loin de pouvoir être entendus par leurs lecteurs, ils ne s'entendent pas eux-mêmes.

L'un vous dit, d'un air capable, que le mot *bête* est employé par opposition au mot *homme*. D'après cette belle définition, *homme* et *bête* se trouveraient absolument incompatibles : l'un excluerait l'autre. Et voyez l'inconséquence de nos raisonneurs ; le même philosophe qui a prononcé cette incompatibilité, traitera de *bête* le premier *homme* qui lui contestera sa proposition.

Un autre définit la *bête*, un animal affranchi des lois de la raison et de l'honnêteté. C'est, comme on voit, conclure du particulier au général. Il ne faut qu'entendre tel orateur et voir passer tel journaliste, pour rester bien convaincu que ce n'est ni un cheval, ni un cerf qui a écrit ou dit ce qu'on a lu ou entendu.

Au lieu de prendre le mot *bête* pour ce qu'il est en effet, c'est-à-dire pour un adjectif dont le sens peut être facilement fixé ; au lieu de convenir que tout ce qui vit, se meut et respire, est un animal plus ou moins bête, on a fait des *bêtes* ayant tant de pieds ou de pattes, et l'on a appelé *homme* exclusivement, l'animal à deux pieds, sans plume, qui se prétend seul raisonnable.

On s'est demandé ensuite, et assez niaisement à notre avis, si les *bêtes* avaient une âme. Notez bien que les auteurs de cette question ne savent pas encore ce que c'est que l'*âme* ; et que sur le seul article de sa résidence, il n'est pas d'impertinence qui n'ait été avancée.

Demander si un être dont on ne connaît ni la nature ni le domicile, existe dans les animaux insolemment désignés sous le nom de *bêtes*, n'est-ce pas demander, en propres termes, si les bêtes sont des hommes, ou si les hommes sont autre chose que des bêtes ? Problème auquel on n'a pas encore fait faire un pas vers sa solution, depuis qu'il est agité.

Les *bêtes* sont des *machines*, disent d'ignorans détracteurs ; ainsi voilà des machines ou des automates qui ont les mêmes sens que *Descartes*, d'aussi bons yeux que l'abbé *Maury*, qui entendent mieux que les rédacteurs des séances de la chambre des députés, qui obéissent à leur maître comme le ventre obéit au premier signal du caissier de la *boîte à Perrette*.

Voilà des machines qui éprouvent successive-
ment la joie, la tristesse, les désirs, la peur et
les passions de tout genre; qui font l'amour et la
guerre comme un homme, et mieux que bien
des hommes !.... On ne peut répondre à de tels
raisonnemens que par le sourire de la pitié.

On refuse aux *bêtes* jusqu'à leur langage, parce
qu'on ne le comprend pas. On croit ici entendre
un Huron qui nie l'existence de toute autre langue
que la sienne, parce qu'il n'a pas été touché
des beautés du bas-breton. Nous renverrons ces
messieurs au père Bougean, jésuite péripatéti-
cien, qui nous a dépeint les amours des bêtes,
et rapporté les phrases tendres et voluptueuses
qu'il a recueillies en les observant. Et que l'on
ne vienne pas nous citer les reproches qu'on lui
a faits à raison de son état, sur ses descriptions
lascives. Nous soutenons qu'il faut accueillir la
vérité, dès qu'elle paraît, et de quelque part
qu'elle vienne. Un Jésuite qui peint et loue des
amours honnêtes, ne saurait être trop encouragé.

Pour mieux établir la soi-disant différence qui les
distingue des bipèdes, appelés *hommes*, on a pré-
tendu que les *bêtes* procédaient, dans tous leurs
ouvrages, avec une uniformité qui prouve l'ab-
sence de toute intelligence. Il ne faut que jeter
un coup d'œil sur deux nids d'hirondelles
différemment posés, pour juger, non pas l'ins-
tinct, mais le génie qui a dirigé la construction
de ces deux édifices. Pendant que les architectes
de Londres n'ont su, dans une ville immense,

présenter à l'œil, qu'une grande et monotone caserne, je vois l'une de mes hirondelles placer son nid dans un angle, et lui donner pour mesure de sa circonférence l'arc compris entre les côtés; l'autre l'asseoit fièrement sur une surface plane, et l'arrondit en un arc de cent quatre-vingt degrés.

Mais, dit-on, les *bêtes* ne sont pas, comme l'homme, susceptibles d'une perfection indéfinie; car si elles étonnent d'abord par la fermeté de leur marche vers le bien, on les voit constamment s'arrêter au même point.

Nous pourrions d'abord examiner cette observation, et prouver qu'elle est toute en faveur des animaux que le vulgaire appelle *bêtes*. N'est-ce pas un trait de la plus excellente sagesse que de s'arrêter où il faut? n'est-ce pas faute de savoir s'arrêter, que les hommes échouent dans presque toutes leurs entreprises? n'est-ce pas en outrant tous les principes, que l'on fait encore aujourd'hui péricliter l'édifice de la sagesse et de l'expérience? n'est-ce pas en tendant trop une corde qu'on la casse? n'est-ce pas en emplissant trop un vase qu'on en répand la liqueur? n'est-ce pas en poussant un corps outre mesure qu'on le fait réagir? n'est-ce pas en tourmentant trop long-temps les gens, qu'on lasse leur patience? n'est-ce pas.....baste!...

En vérité, prétendre, sur de pareils motifs, fonder le mépris que l'on fait des *bêtes*, c'est s'exposer de leur part aux plus humiliantes récriminations.

En faisant honneur aux *bêtes*, de la sage retenue qui les fixe au point que leur excellente organisation leur indique être celui de la perfection, nous sommes loin de convenir que ce qu'elles font habituellement, soit la mesure de ce qu'elles pourraient faire. A-t-on jamais calculé les merveilles qu'on leur ferait produire, à l'aide d'une éducation libérale? et sait-on jusqu'où l'espèce pourrait aller, si l'on parvenait à lui faire adopter le système de l'instruction mutuelle?

Hé! quel temps fut jamais plus fertile en miracles!.

Les détracteurs des bêtes, ceux qui leur refusent la perfectibilité, ont-ils suivi le cerf *Coco*, le petit cheval savant, le chien de Montargis, les puces ouvrières, etc. etc.?....

Quoi! il n'est pas perfectible ce serin qui manie son fusil de paille, comme un soldat suisse! ce lièvre qui met le feu à un canon! ce lapin qui joue du tambour de basque! cet ours qui fait la révérence et danse sur la corde comme *Furioso!*

Si des dons de l'esprit on passe aux qualités du cœur, si de l'examen des dispositions physiques on passe à celui des développemens moraux, combien d'hommes pourront-ils soutenir le parallèle avec les *bêtes*? Il est avoué que parmi les hommes, même estimables, deux ou trois vertus sont presque toujours obscurcies par dix vices ou défauts. Les *bêtes*, au contraire, rachètent un défaut, quand elles l'ont, par dix vertus ou qualités. Si les hommes se plaisent à méconnaître ces dernières, la justice ne veut-elle pas.

qu'on les leur reproduise avec constance et courage ? On reproche au chien sa gourmandise et l'on met de côté sa fidélité, son attachement, sa vigilance et sa charmante gentillesse. On dit de l'âne qu'il est le symbole de l'ignorance : et l'on oublie qu'il est patient en proportion de cette ignorance, et qu'il souffre, sans bouger, les coups et les mauvais traitemens les plus injustes ; il donne aux peuples l'exemple d'une docilité édifiante ; et c'est peut-être à cette docilité que nous devons l'établissement si essentiel des Frères *Ignorantins* ; nous jouissons du bienfait, et nous méprisons le principe.

Nous ne citerons pas d'autres exemples de l'excellence des *bétes*, n'ayant rien parmi nous à leur opposer, et ne voulant pas humilier notre espèce, par des comparaisons qui ne la guériraient pas. Nous en avons assez dit pour fonder l'opinion où nous sommes, que la division que nous avons laissé établir entre les *bétes* et nous, est injuste et impolitique ; que nous sommes intéressés à faire cesser le divorce prononcé par l'orgueil et l'imprévoyance, et qu'il est temps de seconder, par une *sainte alliance* nouvelle, les germes de vertu et de bonheur que notre désunion frappe de stérilité.

L'âme des *bétes* n'est plus une question pour quiconque a des yeux et veut réfléchir. Il faut donc se prononcer hautement sur cet article important. Il faut, par exemple, que lorsque les rois décideront entre eux, que, comme mesure de compensation pour pertes d'argent, de

(9)

vaisselle plate ou d'espérances, tel prince réunira deux ou trois mille âmes à sa population, il soit connu et bien entendu que celles des *bêtes* seront comptées comme les autres. Il faut que le congrès de Vienne daigne voir avec nous, qu'il y a quatre âmes là où il y a un cheval, un gastronome, un bœuf et un père de la foi. La justice veut que le prince condamné à livrer un certain nombre d'âmes, ait la faculté de se défaire de celles qui sont le moins nécessaires à la prospérité des sujets qui lui restent, sauf aux parties prenantes à se distribuer les âmes cédées, dans les proportions dont elles conviendront entre elles.

Ce point important une fois obtenu, et les *bêtes* réhabilitées dans la société, on appréciera facilement les raisons qui ont porté un grand nombre d'hommes justes et bons, à se réunir sous le titre d'ACADÉMIE DES BÊTES, afin d'assurer à chaque membre de cette société, l'état qui lui appartient. L'excellence des *bêtes* étant admise en principe, on a compris que le mot *bête* devait s'appliquer désormais à ce qu'il y avait de meilleur; et qu'une marche franche vers ce que les détracteurs et les ignorans appelaient la *bêtise*, conduisait à la seule perfection qu'il nous soit donné d'atteindre. Tout alors doit être classé d'après le nouveau système. On a dit, de nos jours, que la science était de la *bêtise*; d'après nous, ce sera la *bêtise* qui sera la science. Deux petits mots seront seuls déplacés; et cette heureuse révolution s'opérera sans secousse et presque imperceptiblement.

Le nombre des *bêtes* de toute espèce étant, à la population entière, à peu près comme vingt-neuf est à trente (1), les amis de cette classe nombreuse s'occupent depuis long-temps des moyens de la diriger petit à petit vers le but avoué de toute association, le bonheur général. Ce but ne peut être atteint que par la connaissance de ses droits, de ses devoirs et de ses moyens. L'Académie des Bêtes s'occupait depuis long-temps de procurer à ses frères le genre d'instruction dont ils ont besoin ; et déjà les premières bases de la nouvelle institution avaient été jetées, lorsqu'un malentendu déplorable fit calomnier et persécuter la société naissante.

On sait que tous les établissemens publics, quelque secrets, quelqu'isolés qu'ils fussent, s'ouvraient, il y a vingt-huit ans, à la vue d'un membre du corps législatif, et que partout les places d'honneur et de considération lui étaient affectées. L'Académie des Bêtes avait décidé en principe, qu'on ne serait admis dans son sein qu'après avoir fait imprimer ou dit des bêtises notables et dignes d'être recommandées à son nombreux auditoire, et que nul individu ne pourrait faire partie de l'Académie, que lorsque ses preuves auraient été examinées et jugées suffisantes. Ce-

---

(1) Si l'on nous demande de quoi se compose le trentième restant, nous répondrons qu'il n'entre pas dans notre plan de définir les êtres dont nous ne parlons pas. Ils seront tout ce qu'on voudra, excepté des *bêtes*. Tous ceux qui se séparent de nous, ne seront désignés par nous que sous le nom de *détracteurs des bêtes*.

pendant, sur la réputation méritée du corps
législatif d'alors, et d'après l'exemple donné par
tous les établissemens publics, on avait ordonné
que MM. les députés seraient exempts des preuves exigées, et qu'ils seraient introduits honora-
blement, sur la simple présentation de leur
carte. Cet article du réglement de l'Académie des
Bêtes fut déféré à un comité de recherches de
l'Assemblée. Une politesse jugée nécessaire, un
acte de déférence respectueuse fut travesti en
insulte à la dignité du peuple, et les secrétaires
du bureau académique signalés à la tribune
comme des *avilisseurs* de l'autorité.

On ne plaisantait pas alors, comme aujour-
d'hui, sur les lois d'exception, qui avaient pour
elles cet avantage, qu'elles étaient soutenues par
l'immense majorité des Bêtes; tout ce qui avait
le malheur de déplaire, était incarcéré au premier
signal d'une Bête puissante. La *partialité* était pour
les *doctrines arbitraires démagogiques*, et quiconque aurait été doux et humain, aurait paru
fausser le système représentatif, expliqué alors,
comme tous les systèmes sont expliqués, par la
fourberie qui se croit en force.

La *bêtise*, comme tous les autres arts (1),
est amie de la paix; l'Académie des Bêtes ef-
frayée se dispersa, et ajourna ses projets hu-
mains et réparateurs.

Rassurée par l'établissement d'une constitution libérale et *respectée*, elle vient de rallier

---

(1) *Discenda virtus; ars est bonum fieri.* Sénèque.

ses membres; et pour donner à son existence une garantie durable, elle a résolu de bâser son organisation sur les principes constitutifs de l'ordre social. En conséquence, elle proclame sa constitution ainsi qu'il suit :

Constitution de l'Académie des Bêtes.

Art. I.er L'Académie des Bêtes se compose de tous ceux qui sont connus pour avoir fait ou écrit, débité ou publié, conçu ou projeté, entrepris ou exécuté, dicté ou conseillé des bêtises notables.

Elle est représentée par un *Grand Conseil Académique* qui parle et agit en son nom.

Ce Grand Conseil est composé des députés des Facultés.

II. Nul ne sera admis, que ses titres n'aient été examinés par une commission académique, et jugés suffisans.

III. Les lois protectrices de la tranquillité publique ayant défendu toute réunion qui excéderait le nombre de vingt-un individus, en comprenant le maître de la maison où l'on se réunira, l'Académie se partagera en autant de Facultés qu'il y aura de fois vingt et une bêtes notables dans une commune.

IV. Les différentes Facultés ne pourront se communiquer leurs travaux que par la voie de l'impression. L'ensemble des Facultés constitue l'Académie.

V. L'Académie s'occupe des moyens d'éclairer

les Bêtes sur la marche à suivre pour vivre heureuses et tranquilles.

VI. Les Facultés des Bêtes auront pour directeur, le maître de la maison. Elles ne correspondront pas entre elles, et ne disputeront jamais en discutant, pour ne pas donner de mauvais exemples aux Bêtes de l'extérieur. Chacun parlera à son tour, et l'on ne clôra jamais la discussion, tant que quelqu'un aura ou croira avoir une bêtise bonne à dire.

VII. L'Académie ne publiera pas de mémoires; mais les membres qui la composent, pourront, en leur propre nom et sous leur responsabilité personnelle, donner au public les discours académiques prononcés par eux, et amendés, si cela leur convient, par les avis de leurs confrères.

VIII. L'Académie recommande à ses membres, sous peine d'exclusion, de ne parler et de n'écrire que la loi sous les yeux, et d'observer dans leurs écrits, les égards qui sont dus aux personnes revêtues de hautes dignités, aux ministres et à leurs adhérens, aux procureurs du roi, aux commissaires de police, aux gardes champêtres, aux gendarmes d'élite, etc., etc., etc. Elle entend qu'il ne soit jamais parlé de leurs personnes qu'en termes honorables, de leurs projets qu'avec éloge, de leurs actions qu'avec la plus grande discrétion.

IX. Nulle association ne pourra prendre le titre de Faculté des Bêtes, ou du moins ne sera reconnue par l'Académie, à moins qu'elle ne se soit légitimée par-devant le secrétaire perpétuel, qui devra en rendre compte à la première séance du grand Conseil académique.

X. L'Académie, considérant que des hommes plus *bêtes* qu'il ne convient (car elle a aussi ses *ultrà*), pourraient la compromettre, en attachant leur nom à des ouvrages indignes de sa sagesse, déclare qu'elle ne reconnaîtra, pour être émané de son sein, aucun écrit dont l'auteur se vanterait d'être membre de l'Académie desBêtes, sans s'être légitimé de la façon stipulée dans l'article ci-dessus.

XI. Vingt députés des Facultés, réunis dans un même local, chez un académicien, peuvent se constituer *Conseil académique*, et chacun y prendra le titre de procureur-général des Facultés. Chacun de ces procureurs aura qualité pour exprimer les vœux et les opinions de ses commettans. L'unanimité des procureurs sur un sujet proposé, fera loi *académique*, et sera transmise comme telle à toutes les Facultés, par la voie de l'impression. L'un des membres du conseil, en répondra devant les tribunaux, et s'en rendra *éditeur responsable*.

XII. Les Facultés ne nommeront pas directement leurs députés au grand Conseil académique. Leurs élus ne seront que des candidats, parmi lesquels les grands officiers de l'Académie choisiront à leur gré les membres qui devront stipuler pour les Facultés. L'Académie des Bêtes adopte de préférence les élections à deux degrés, qui présentent aux membres du grand Conseil des chances beaucoup plus commodes.

XIII. L'Académie entend les rapports qui lui sont faits par ses différentes commissions, sur les ouvrages nouveaux, les pièces de théâtre, les projets relatifs à la politique, au commerce, aux arts, aux sciences, etc.

XIV. Si quelque auteur fait passer au secrétaire perpétuel un livre de sa façon, ou même un manuscrit à examiner, l'Académie, sur le rapport des examinateurs, pourra en rendre compte, et le rapporteur publier en son nom la pièce manuscrite qui lui aura été remise.

XV. L'Académie n'a ni imprimeur ni libraire attitré; cependant ses membres sont invités à se servir de celui qui aura été adopté par le secrétaire perpétuel, pour rendre plus difficile l'usurpation du titre de membre de l'Académie des Bêtes, que ledit imprimeur et ledit libraire ont intérêt de ne pas laisser prodiguer à des sujets douteux.

Fait à Montmartre, le 3 mai 1820.

Le Grand-Maître de l'Académie, Président du Grand Conseil,

Signé, ROUGE DE LA PÉRAUDETTE.

Et plus bas,

Par le Grand-Maître :

Le Secrétaire perpétuel,

Signé, REYMONDIN DE BEX.

En marge, à côté du grand sceau de l'Académie, en lacs de soie rouge et bleue, est écrit : *Vu au sceau*, signé, JAMAIS.

L'ACADÉMIE désirant donner aux différentes sections qui la constituent, une idée de la circonspection et de la sagesse qui lui serviront toujours de guide, juge à propos d'autoriser le secrétaire perpétuel à publier, pour cette fois, un court extrait de sa première séance.

Extrait de la séance du grand Conseil Académique, réuni à Anières, *le* 12 *Mai* 1820.

Un membre lit un discours dans lequel il cherche à établir que la publication des traits affreux que l'esprit de parti et d'intolérance produit journellement dans certains pays, peut, en excitant une juste horreur, rendre à la fin ces traits plus rares. Il communique une correspondance dans laquelle on lui retrace un grand nombre de ces faits. On y trouve certaines circulaires propres à opérer de grands maux, et des conseils atroces donnés à des hommes que l'on voudrait égarer. —L'Académie déconseille l'impression de ces pièces, se décidant sur les raisons d'un orateur qui, vû l'état de notre législation actuelle sur les journaux, craint que ce morceau ne soit dénoncé à l'autorité judiciaire, comme *rognures* de la *Quotidienne* ou du *Drapeau blanc*.

Le Baron de la CLÔTURE donne lecture d'une petite brochure qu'il se propose de faire imprimer, et qui a pour titre : *A bas la discussion !* C'est une petite dissertation assez bien faite, sur les inconvéniens de la logique et les dangers du sens commun. L'Académie s'en rapporte à lui, du soin de la faire imprimer, si cela lui convient. Il a promis de la donner incessamment.

Le redoutable Doublebec - d'Ambez, lit un projet sur les élections. Il établit, papier sur table, et par un calcul mathématique à la portée de toute espèce de Bêtes, qu'en usant de ses moyens, l'Académie pourra désormais envoyer d'avance à la Faculté électrice, la liste des députés qu'elle aura à prendre dans celle des candidats. — Le grand Conseil a jugé que le seul défaut de ce résumé était d'être trop clair ; il craint que les *ennemis du trône* ne trouvent, dans la clarté de ce travail, l'occasion d'une discussion embarrassante ; mais la brochure du Baron de la Clôture, devant être imprimée incessamment, on se flatte qu'il y aura peu ou point de discussion.

Un honorable académicien lit une lettre d'un confrère de la 32.me Faculté de Gisors, qui lui annonce que l'existence de l'Académie des Bêtes est confondue, par quelques détracteurs, avec celle de l'Académie, dite des *Ignorans*. Il propose de s'occuper des moyens de rectifier les erreurs auxquelles cette confusion pourrait donner lieu. —L'Académie décide qu'elle ne s'occupera pas de cet objet, attendu que le titre d'*Académie des Ignorans* est un véritable non-sens, une contradiction manifeste. Qui dit *académicien*, dit animal instruit, et qui peut instruire les autres. Que peut-on enseigner lorsqu'on avoue son ignorance ?

La liaison entre *académicien* et *bête* est au contraire naturelle et raisonnable, d'après surtout les détails dans lesquels nous sommes entrés sur la nature des *bêtes*.

L'Académie a terminé sa séance, en proposant deux prix : le premier d'une médaille en fer de la valeur de 5o centimes, pour celui qui aura, dans l'année courante, dit, écrit ou proposé la bêtise la mieux conditionnée. Le second sera adjugé au meilleur mémoire sur cette question : *Quels sont les moyens les plus propres à prévenir les malheurs dont nous menacent, suivant plusieurs grands personnages, l'accroissement effrayant de notre population?* La médaille sera d'or et de la valeur de 1 2oo fr. Les mémoires seront adressés, francs de port, au secrétaire perpétuel ; et les concurrens voudront bien se conformer aux usages des autres académies.

L'Académie croit devoir avertir les personnes qui se présenteront au concours, qu'elle a déjà reçu sur ce sujet, un mémoire de M. LÉVA, juif anglais, savant distingué, dont elle recommande les principes à la critique de quiconque voudra approfondir cette matière. Il importe de savoir si les moyens que l'habile écrivain veut opposer, à l'accroissement de l'espèce, sont aussi sûrs et aussi prompts qu'il est à désirer.

M. Léva veut d'abord que l'on rétablisse les couvents d'hommes et de femmes, que l'on fixe à 14 ans, l'âge où les citoyens des deux sexes, seront libres de prononcer des vœux éternels et indissolubles. A l'appui de cet article, l'auteur entre dans de grands développemens sur les principes qui doivent protéger, contre la société elle-même, la liberté des individus qui naissent dans son sein. L'autorité paternelle qui cesse à la majorité du citoyen, doit recevoir de la loi, jusqu'à cette époque, la puissance qui lui manque depuis long-temps, au grand détriment des principes.

Les mariages, comme occasions de querelles, de désordres et de population, doivent être entravés par la loi. Toute la puissance ecclésiastique se concertera en cette occasion avec l'autorité publique, pour désunir les personnes accordées, et écarter celles en qui on remarquerait quelque tendance à se rapprocher. Il serait en général à désirer que les femmes ne pussent se marier qu'à 50 ans et les hommes à 70.

La vaccine sera signalée comme moyen dangereux, et la petite vérole rétablie dans tous ses droits, honneurs, et prérogatives.

Les petites propriétés qui attachent l'homme à sa famille et l'encouragent à la multiplication de son espèce, dont il importe de le dégoûter, seront attaquées par tous les moyens; les charges de toute espèce devront peser sur elles, jusqu'à ce que, fatigués d'une part par les tracasseries du fisc et des gens d'affaires, et alléchés de l'autre par les promesses des chefs naturels des cantons, les petits propriétaires aient consenti à substituer ou à constituer en majorats les terres en roture qu'ils possèdent.

De nombreux et nouveaux missionnaires seront adjoints à ceux qui existent, et seront chargés de proclamer dans les campagnes populeuses de la France, l'excellence de la vie ecclésiastique et les dangers de la vie séculière, etc., etc., etc.

L'Académie invite les écrivains que leur zèle pour le bien public appellera au concours, à se pénétrer de la nécessité d'une loi qui place les élections des députés entre les mains de riches et puissans propriétaires ; ceux-ci sauront bien écarter des bancs législatifs ces orateurs bavards qui semblent avoir pris à tâche d'avoir toujours pour eux la raison et les principes. Lorsqu'une fois les nominations des députés dépendront de ceux de qui elles doivent dépendre, le gouvernement représentatif deviendra possible ou du moins tolérable ; et le règne de la *charte* ne trouvera plus de contradicteurs.

De l'Imprimerie d'ABEL LANOE, rue de la Harpe.